CHERISHED ISHU

DEAR BOTTLE

SUMEET KUMAR

Sumeet kumar

Sumeet Kumar , A adult who experinences many phases of love in his life , get broked many times , stands up everytime and keep moving to the next phases of life. In reality he is a writer as well as singer (as a hobby). Very exciting and interesting fact about him is that he is author of new era i.e. he starts his journey of writing at the age when he was going to school to get the study. His some famous works i.e. Maturity Of Love (Genre :- Stages Of Love) , Privacy For Dream (Genre : - Middle Class Family

Life Style), Army Squad Of Love (Genre :- The Seperation Of Army Love), 5 Days Of Love (Genre : - Affection and Love) , The Endearment Of Love (Genre :- Historical Era of Love) , Social Destruction Indo Pak (Genre :- The Story Of The Love At The Time of Division of India and Pakistan) , Middle Class Soul (Genre :- The Dreams of Middle Class) and Many More are available on the Official Sites of Amazon, Flipkart, NotionPress and Google.You can buy the books from there.

Contents

Preface

THE WORLD OF MINE

kuch log hote hai jinhe ham bhul jaate hai apne jehan seh per kuch log aishe hote hai jo jehan bann kar hee samne aate hai jinhe ham yaadeion bhi kehte hai,aur jish saksh ke baare mein ,baat kar raha hun vo koi aur nahi meri duniya hai ,matlab meri vo dost jisne mera sath kabhi nahio chhoda jab mere halat burre thhe tab bhi ye mere sath ,mer khushiyon ki eklauti haqqdaar hai agar kuch banne ki talim hisse mein agar mili bhi hai toh sayad iski ek wajah ye bhi hai isse zyad mein kuch nahi keh sakta bash ha itna zarror kahunga ki mere liye zarrori hai tu ......

ACKNOWLEDGEMENTS

Aman kumar

Special Thanks to **Aman Kumar** who worked so hard in the preparation of this book. He has continually put with my passive voice , omission of words and late night calls. You have been wonderful. Thanks to him for his precious time and reviewing proposals , individual chapters and Early Drafts , along with his suggestions on the applicability of the material to the world.

I

THE BEST PART OF MY LIFE

Enter Caption

zindagi haseen hai ye nahi ,iski khairat toh mein nahi janta per ha itna zarror janta hun ki waqt ke sath apni mushibat aur apni dost hamare kabhi sath nahi chhodti ,aap mohabatt mein ek tarfa dhoka kha sakte ho per jab baat dosti per aa jaye toh iski soch hee badal jaati hai yeha tak iski parwaaz bhi , maine kabhi nahi socha tha ki pehle ham itne dino baad milege ,phir hamare beech itni saari baateion bhi hogi aur baad mein ham ek dusre ke itne kareeb bhi aa jayege , vo kehte hai na zindagi mein agar koi cheez agar agar burri mill jaye toh ham ushe vapas kar sakte hai per agar dosti aur pyar mein aishi shiddat shammil ho jaye toh cahh kar bhi ham ushe khud seh kabhi durr nahi kar sakte ,bachpan mein kabhi ye nahi socha tha ki aisha bhi ek din aaygea jab mein uske sath hokar bhi usse durr rehne ki koshish karunga ,matlab aishi kaun shi mushibat hai ki mein ushe cahh kar bhi khud ke kareeb nahi rakh sakta , mohabatt ek tarfa hee hoti hai jo sayad sachhi bhi hoti hai per jishe din iski cahat dono taraf seh suru ho jaye na ush din barbaad hee samne aati hai , sayad ye merr akhiri sabd bhi ho sakte ,matlab mere alfaazo likhi gayi akhiri kahani bhi per iski sururaat abhi [purri tarah seh hui nahi hai ,matlab mein khdu bhi nahi janta ki mein aage kay karunga ,kyunki maine jitni dafa apni zindagi ko jaane ki koshish ki hai mein utni hee dafa khud seh durr ho chuka hun ,per syaad kuch raaj hai jinse mein waqif hun aur vo mere liye bahut zarrori hai , waiseh ye koi kahani nahi hai ,ek safar vo bhi ush mushafir ke baare mein jishe aaj bhi mein ushi shiddat seh cahta hun jiski riwayat sayad pehle bhi kayi baar ho chuki hai , ye koi aam kahani hai ,aur na hee koi aam safar hai kyunki ham dono ki kahani bilkul alag hai ,matlab ham dono ke beech mohabatt toh nahi hai ,aur na hee koi sapne hai bhavishya ko lekar phir bhi sayad mein usse durr nahi reh sakte ,kyunki uski aadat shi ho gayi hai ,uski baateion ,uski aadat aur yeha tak ki uske nakhre bhi aab mujhe behad yaad aate hai ,aaj bhale hee usse durr hun ,ye bhi nahi janta ki kyun hun ? per sayad itna zarror manta hun ki agar ek dusre seh durr tabhi ek dusre ke kareeb hai ,ishq,aur dosti jab mahasoosh hone lage na tab ye baat samjah lo ki vo ek saksh behad kareeb hai aapke , aap ushe khud seh kabhi durr kar hee nahi sakte ,mein jish duniya mein kho chuka hun sayad uski khairat mein vo mujhe kabhi na dikhe per vo jaha bhi hai mere sath hai ,hamare sahar bhale hee laga hai ,hamari duniya bhi syaad aab alag ho chuki hai per hamari dosti aaj bhi ushi maqaam per hai jaha pehle hua karti thi , mujhe aitraaz hai un lamho seh jab mein uske kareeb nahi hote hun ,jab ushe meri zarroarat parti hai tab mein uske sath nahi hota hun kishi aur ko dekh bhi nahi sakta uske kareeb ,kyunki jab bhi jehan mein kuch yaad karne ki koshsih karta hun vo hamesha mere kareeb hee rehti hai ,aishi baat nahi ki cahta uski bhi nahi hai per majboor hai hum dono ek aishe rishte jinhe kabhi hamne tay nahi kiya tha ,bash kuch lamhe jiski khairat hee thi jo hame ek dusre se kareeb la rahi thi ,kehne kko toh vo sirf meri dost hai ,per mein ushe apni purri duniya manta ,uski mohabatt cahe kitni bhi gehri kyun na ho per mere liye vo sabse pehle aati hai ,aur uske baad koi ,jish tarah ham apne ma baap ke pyar ko kishi aur ke sath baat nahi sakte ushi tarah mein uski dosti bhi kishi aur ke sath baat nahi sakta ,kyunki sayad vp pehli ladki hongi duniya ki aur sayad akhiri bhi jisse meri aaj tak bani hai ,matlab agar galti seh ladai ho bhi jaye toh vo mujseh kabhi durr nahi jaati ,har waqt paas rehti hai ,mujseh baateion karti hai ,mere halat samjhati hai ,agar mein galti seh bhi kuch ulta soch lun toh mujhe thapaad mar kar usse durr karti hai , mein ye nahi janta ki mein ish safar mein uske sath kab tak rahunga per jab tak rahhunga ,uske naam ke sath meri pechaan bhi zarror rahegi ,kehte hai zindagi mein kuch raste aishe bhi hote ye kishi manjil ki hee cahat le kar ham agar deh lo toh kuch raste bhi hote hai jinse ham waqif toh hote hai per kabhi ush rahh chalne ki ham koshish nahi karte kyunki agar un rasto per chalne ki koshish ki bhi jaye toh vo rsihte kabhi badalne nahi vale jo hamare hisse mein pehle seh ushe khuda ne tay kar diye hai ,kishi ki kismat sirf e baar badalti hai har baar nahi ,aur agar harr barr badle toh vo bhi bewafa hee kehlati hai .

khair ish safar seh kuch waqt ke liye mein alvida kehna cahta hun kyunki lehje mein jiski baateion mein karne vala hun vo meri sabse pyaari dost hai waiseh mein uska naam toh nahi batane vala abhi kyunki agar sururaat yehi seh kardi toh sayad kahani adhuri reh jaaye , pehle vo baateion batana cahta hun jo sirf ushe hee nahi pasand hai ,vo kahi na khai muje bhi pasand hai ,bachpan mein kabhi ye nahi socha tha ki mein kishi ladki seh milunga bhi,kyunki bachpan mein ye anta hee nahi tha ki ek ladki bhi apki dost ho sakti aur kaiseh janta ,janata toh tab jab mein pane ghar seh kabhi bahar niklata ,kyunki aadha bachpan aur aadhi javani toh maine band kamre mein hee batayi hai ,matlba aishi baat nahi thi ki mein khud seh ja nahi sakta tha bahar ,ja sakta tha per mere ghar ke log ,matlab mer family mujhe kabhi bahar jaane hee nahi deti aur iske peeche bhi ek raaj hai ki vo mujhe bahar kyun nnahi jaane dete thhe ,waiseh normally agar ham zindagi mein dekhe ye apne samja ko dekhe toh ladkiyo per pratibandh hai ki vo bahar nahi ja sakti ,ladko ki tarah khel nahi sakti , kishi aur seh baateion nahi kar sakti ,zyada taar toh ek ladke seh baat nahi kar sakti , hamesha ghungat hee phenana hai ,shaddi kar ke apne ghar ko sambhalna hai ,per mere ghar ki seema ki yehi pechaan thi ki ladka ho yeh ladki ,matlab dono ke rules same thhe ,mere gharvale ye kabhi nahi cahte thhe ki mein kishi galat sangat mein paru , jo ki aajkal har ek parivaar ke logg yehi sochte hai ki unka baccha ambani aur tata bane na ki chor aur daku ,per sayad unki fidrat ko yeh unke pyaar ko ush waqt samajh nahi paata tha ,kabhi -kabhi toh ghutan hoti thi ki kahir ye kyun hai aur kishliye hai ,kyunki mujhe bandh kar rakha ja raha hai , naadani itni thi ki gusse mein do teen tak acche seh khana tak nahi khata ,phir uske baad bimaar per jaata aur uske baad daat phir pyar aur phir vhi samjhana , agar sach kahu toh vo lamhe yaad karta hun ,kyunki ush waqt mein khud ke kareeb tha ,khud seh baateion karta tha uar khud ki parvaah bhi karta tha ,per aaj jo kuch bhi ,ye jaishe bhi halat sayad unse mein khush nahi hun aur na hee jo mere pass hai ar jo mere sath vo bhi , duniya do pal mein badal jaati hai ,yeha tak ki log bhi badal jaate hai aur unke khwaab bhi badal jaate hai , per jab ko apke kareeb ho aur aap seh behad bhi kare agar vo badal jaye toh apki zindagi narg bann jati hai ,aur mein apni zindagi ke baare mein kya hee batayun ,mujhe toh vo subah ki irne bhi ush sham ki yaad dilati jishe soch kar mein khud ko harr roj barbaad karne ki dua mangta hun , khair vo meri zindagi mein tab aayi jab sab sath thhe ,matlab mein khd ke sath tha ,aur vo meri zindagi seh tab gayi jab mein khud ke sath hokar bhi sayad khud ke sath nahi tha ,baateion hti thi ham milte thhe ,aksar vo cheez mahasoosh bhi hoti thi ,per sayad ushe mahasoosh kar ke bhi ham syaad ek dusre seh ush waqqt kuch nahi cahta thhe ,uski har ek aadat aajkal bash uski hee yaadeion dilati hai ,agar meri kismat badal bhi jaye toh ishq ki mehfil mein kabhi shammil nahi hone vala kyunki mein janat hun ki mohabatt mein log aksar barbaad hote hai ,usk sukoon mein kabhi mahasoosh hee nahi kar sakte jo mujhe uske sath rehkar mahasoosh karta hun ,aishi baat nahi ki hamare beech vo ishq ki deeware shammil nahi ho sakti ,per vo kehte hai kuch rishte agar anjaane ho tabhi apne jaishe lagte hai ,per jishe ye baateion duniya ko pata chal gayi ush din sayad sach mein ye rishte tutt jaye ,pehle sirf mein khud ko janta tha ,miane kabhi ush socity ko jaan ne ki koshish hee nahi ki jo mere liye zarrori tha ,log kehte hai jo bhi hota aache ke liye hote hai ,aur ha ye baat sayad sahi hai ,kyunki meri zindagi mein maine jo halat dekhe hai yeh unke dard ko mahasoosh kiya hai sayad vo acche hee thhe ,halat kabhi burre nahi hote aur na hee kabhi kishi ka waqt burra hote hai ,burre toh insaan hote hai ,unki insaniyat hotio hai jo do pal ke liye apke sath rehte toh hai per kabhi apne apko mante nahi hai ,meri zindagi mein aishi kayi log hai ,kuch sath hai toh kuch sath nahi ,phir bhi mujhe unse kabhi nafrat hoti hee nahi hai ,kyunki mein jnata hun ki mere raste utne lambe hai hee nahi zindagi ke jishe mein mahasoosh kar saku , agar ham insaniyat chhod dege toh log insaan kishe kahege ,

waiseh zindagi soch per mohabatt per chalti kabhi kar ke dekho,kyunki nafrat seh toh kishi ki yaadeion aap se durr nahi jaan evali per syaad mohabatt seh ye mumkin hai ki vo aap se durr chali jaaye ,usne sirf mujhe sambhala nahi hai ,mujhe apnaya hai,mujhe ush kaabil banaya hai ki mein ush dard ko seh saku jo mere hisse seh waqif nahi hai ,jab vo durr bhi rehti thi toh maine kabhi iahsa mahasooh hee nahi kiya ki aab vo mere sath nahi hai yeh mere pass nahi hai ,har waqt bahs yehi mahasoosh karte tha ki jo bhi hai sab sahi hai ,mere aasyunki har ek khairat ushe dekh khusiyon ki mehfil shammil ho jaati hai aaj bhi ,ushe na dekhun toh kabhi mahasoosh hee nahi karta hun ki mein yeha hun bhi meri baateion mere irdae sab juthe lagte hai uske samne , fteh ki cahat dikhti toh hai per hisse mein harr cahta hun ,vo sath rahe cahe na rahe mein phir uska sath cahta hun,agar kabhi khud ne galti seh ye puch liye ki kya mangta hun mujseh sajde mein har waqt ,mein hash kar bolta hun ki mein aaja bhi apna yaar mangta hun , uski har ek aadat seh waqif hun vo kab gussa karti hai kab mujseh naraz ho jati hai ,kab vo mujseh durr rehne ki koshish karti hai ,aur uske drame ,uskli bhook vo bhi butterscotch ke liye ,sab accha lagta hai ,aur mein ye kabhi nahi cahta ki hamare rishte mein koi badlaab aaye ,ham jaishe bhi ek dusre ke liye acche hai aur sayad mere liye vo ush blanck paper ki tarah hai jishe dekh kar mein apne sarre halat ek hee palmein likh sakta hun aur ushe dekh kar apni vo hashi vapas la sakta hun jo kabhi -kabhi mujhe hee mahroom kar deti hai , mein apni har vo yaadeion batane vala un jishe soch kar meri saaseion bhi mujseh har waqt yehi saval puchti hai ki theek ho ? jinda ho ? aur mein har waqt yehi kehte hun ki ha jinda aur iske peeche koi aur nahi uski yaadeion hee hai jo mujhe kabi khud seh alag nahi hone deti ,mein jaha bhi jayaun jaisha bhi rahun vo mere sath rehti hai ,waiseh jaan seh yeh pehle ye un yaadeion ki shiddat batane seh phele mein kuc kehna cahta ,aur vo ye hai ki mein ye nahi janta ki hamar rishte kya hai ,ham sirf dost hai mein janta hun ,per mere hisse mein teri jagah bahut oonchi hai ,mehfooz mahasoosh kart hun tere sath ,tu jab bhi sath hoti hai bash accha lagta hai ,aut tu jab durr jati hai toh zindagi mein sach mein narg lagti hai aur akhiri baateion mein jo mein tujseh kehna chata hun mein kahi bhi rahun hamesah tere sath rahunga tere .

"TU
AGAR
YAADEION
KI KHAIRAT
HAI

TOH MEIN
TERE
HONE
KA AEHSAAS
HUN
AUR
SAASEION
KI
ZARRORAT
KYA HAI
JANAB
JAB TERE
HONE
SEH
OXYGEN
KA AEHSAAS
HO ."

II

WHEN WE MET

Enter Caption

agar kishi ki fidrat hee mohabatt seh durr ho toh vo cahh kar bhi ushe apne hisse ki khushi kabhi nahi de sakta ,per agar iski sifarish dosti seh ki jaye toh sayad ye mumkin hai ki ham ek dure ke sath bhi ho aur pass bhi ,zindagi utni bhi buri nahi hai agar ishi har ek aarzo ko ham apni un aankheion seh dekhne ki koshish kare jo sirf shiddat ki hee dosti aur mohabatt cahti hai ,ish duniya mein har ek cheez mulajim hai jab apki shiddat sahi ho ,aap sab bhul jayoge ,vo dard ,vo khamoshi ,uski baateion aur bhi aishi bahut sarri cheeze hai jishe mein cahh kar bhi apne sabdo mein shammil nahi kar sakta kyunki jab vo mujhe mili toh meri zindagi purri tarah seh badal chuki thi aur mere khyal bhi ,pehle sochta tha ki koi kyun nahi hai mere pass ,akhir duniya kya itni buri hai ki mujhe ek saccha dost bhi na de sake ,agar sab apni zindagi kishi ke sath ke sahare khush hai toh mein kyun nahi ,meri duniya unse alag kyun hai ,mere khwaab bhale hee unki umeed mein shammil nahi ho sakte per meri duniya toh sakti hai ,waiseh maine sabki kahaniya likhi hai ,unke baare mein likha unki har ek khwaoh likh vo bhi en panno jo meri duniya hai , ek waqt tha jab sab kuch bhul chuka ,yeha tak ki mein kaun hu ? kyun hu ? aishi baat nahi hai ki thak chuka tha apni zindagi seh bash vo shiddat nahi dikhti thi jeene ki jishe mein khud ke hisse mein shammil karna cahta tha , jab koi saksh ye kahe ki vo akele hee pane dam per sab kuch jhel sakta hai toh ush waqt ye baateion samaj jayo ki ushe apki behad zarrorat hai vo kabhi apse durr nahi ja skata ,agar aap usse durr toh pass chale jayo kyunki vo cahh kar bhi ush waqt apne halat apko bata nahi payega aur aap cahh kar uske halat samjah nahi payoge .

bahut kam log ish duniya jo khud ko sambhlane ki koshish karte hai kyunki vo khud ko hee apni purri duniya ante hai ,aue agar sach kahu toh unmein seh mein ek hun ,mein bhi kho chuka khud ko ush halat mein jish waqt sayad meri ruhh bhi mujseh alvida kehna cahti thi , kishi ki chhoti baateion bhi mujhe behad pareshaan kar jaati thi ,mere halat jo bhi thhe mein nahi janta ki mein unse kabhi jeet paya hun ye nahi ? mujhe fateh mil hai hisse mein ye ush harr ki riwayat , jab ham ek dusre seh mile toh ham behad anjaane thhe ,matlab vo gaaliyan ,vo mohalle jinse mein harr gujarta tha vo sab ek anjaane thhe mere liye , kyunki mein kabhi ush khamoshi seh nikal hee nahi paaya ,darr lagta tha ki kahi un chaar deewaro mein reh kar mein khud ke wajood ko na kho dun ,per ek tarf ye bhi mahasoosh karta tha ki mujhe unki aadat shi ho gayi hai ,aur kyun ho gayi mein ye nahi janta ,bash itna janta tha ki aab yehi meri fidrat hai ,jo bhi jaishi bhi hai,bash aab yehi hai , tab mer zindagi mein **AYUSHI** aayi ,matlab meri dost , meri vo duniya jishe mein aaj bhi bhulna nahi cahta ,log kehte hai ki mohabatt mein vo sukoon nahi hai jo dosti mein hai , aur ye baateion aaj sach lag rahi hai mujhe jab mein usse baateion karta hun ,uske kareeb rehta hun , ham dono ke beech bhale hee vo mohabatt nahi hai per usse upar bh jo rishte hai hamar vo ham dono ke hisse mein jeene ke liye kaffi hai , waiseh mere naam ki pechaan toh aap sab ko maloom hongi aur agar nahi hai toh mein bata dun ki mere naam ,aur meri asli pechaan **SUMEET KUMAR** seh hai ,aur mein jiski baateion aap sab ke samne karne ja raha hun vo koi aur nahi mere eklauti dost aur meri khushiyon ki eklauti haqqdaa**r AYUSHI** SHREYA hai ,jo thodi shi pagal aur bahut pyaari hai ,khair mein uske baare vo baateion batana cahta hun jo mein mahasoosh karta hun ,jab ham pehli baar mile thhe toh hamari mulaqat kuch khaas nahi thi ,matlab vo sab ke liye ush waqt anjaan thi per mere liye kuch zyada hee ,kyunki mein kabhi baateion hee nahi karta tha ,matlab ladkiyo seh toh jaldi baateion hee nahi karta tha kyunki mujhe behad sharam aati thi, per **AYUSHI** ki agar baateion karu toh vo behad alag thi mujseh ,aur bakiyo seh bhi ,usne pehle hee din itne dost bana liye thi ki maine bhi socha ki akhir usse thodi baateion kar hee lun , kaffi simple ladki thi vo ush waqt aur agar abhi ki baateion karu toh behad alag hai ,kyunki ush samay ki agar baat karu toh jab maine ushe pehli baar dekha tha toh uske baal khule thhe ,aankheion mein pyaara sa chasma laga tha aur vo bade pyaar seh sab ki taraf baateion kar rahi thi , uski fidrat hee kuch aishi thi ush waqt ki koi bhi saskh usse durr reh hee nahi sakta ,matlab ham sab ush waqt bacche thhe ,per vo alag thi ham sab seh ,kyunki normally agar dekha jaye toh ladkiya kishi seh phele baat nahi karti cahe vo chhoti ho yeh badi ,kyunki maine jaha tak dekha ladke hee har baar approach karte hai dosti ke liye ye baat mohabatt ki hee kyun na ho ,mein ush waqt bhi ussebaateion nahi karta rtha ,thoda akdu tha ,kyunki dosti ,pyaar valli baateion samajh hee nahi aati thi ,per ha ek baat zarrora keh sakta hun ki usse kaffi darta tha ,kyunki aaj tak maine uski ek bhi baat taalinahi ,matlab usne jo bhi kaha hai maine vo kiya hai ,aur pata nahi sirf mein uski hee baateion kyun manta tha , jab bhi uske kareeb jata dil ki dhadkan itni badh jati ki ush waqt ushe dekh kar hee ulte pau chal deta ,baki ke classmates usse baateion karte thhe ,matlab har ek classmates usse baateion karta tha ,kyunki agar uske nature ke baare mein batayun toh maine unhe bhi haste dekha hai uski wajah seh jinke cehre per khamoshi hua karti thi , sayad kuch mahino tak ham dono ke beeche baateion nahi hoti thi per mein khush tha ki koi toh hai jo sab seh alag hai , aishi baat nahi ki vo sab aache nahi thhe ,sab acche thhe per vo khass thi mere liye ,kyunki jab uske sath rehta tha toh vo khamoshi kabhi mahasoosh nahi hoti thi ,matlab na ghar ke vo halat dikhte thhe aur na hee vo barbaadi .

VEENA BALIKA ,ye sirf ek naam nai hai ,ye vo duniya hai jaha ham pehli baar ek dusre seh mile thhe ,aur syaad class 4th ki ye baat hongi jab miane ushe pheli baar dekha tha ,waiseh **AYUSHI** ka ye dusra school tha ,aur mere pehel hee , isse pehle vo saayd **BABY BRILLIANT** mein padhti thi ,aab naam baby hai iska matlab ye nahi ki vo sirf bacche hee padhte thhe , mujhe toh sach mein aaj tak ye bhi nahi pata ki vha kya sach mein bacche padhte thhe , matlab vo ek bacchi hee thi per uske pehle school ka naam aaj bhi ajeeb lagta hai mujhe , waiseh mein uske purane school ke baare mein toh kuch nahi janta ,bash itni baateion janta hun ki topper thi vo ush school ki ,maine jitne suna hai yeh mein jitna janta hun, aur jab vi hamare school mein aayi toh na toh uski fidrat badli ar na hee uske asool , bachpan seh hee creative thi vo ,matlab abhi bhi hai creative aur sayad bahut zyada,uske paintings ke sab deewane thhe aur uski likhwat masallah aaj tak yaad hai mujhe ,matlab mein khud ki diary kabhi likhta hee nahi ,aishi baat nahi hai ki mein likh nahi sakta per uski likhawat hee alag thi ,koi bhi competition kyun na ho jo paintings seh related ho yeh arts seh vo ushe jeet hee jaati thi ,hamare school mein aadhe log uski likhawat aur uske paintings ke deewane thhe ,matlab vo jeete jagti aur chalti phirti creative ki dukan thi , aab kuch aishi bhi baateion hai jo sirf mein uske baare mein janta hun ye veena balika ke dost , uska ek crush bhi tha matlab normally baccho ko pyar toh nahi hota matlab vo ush waqt jante bhi nahi ki pyar kya hota hai ,per uska ek crush tha jisse na toh ush waqt uski baateion hoti thi aur na hee vo ek dusre seh baateion karte thhe ,school mein aajkal har bacche ek teacher ke liye specila hote hai ,matlab khass hote hai ,aur ayushi ki zindagi mein **RIMA MAM** vo pehli aishi teacher thi jo ushe behad pasand karti thi ,matlab vo unki ladli thi aur ho bhi kyun na akhir kar ek topper thi aur sirf yehi baate nahi hai vo apne class ki monitor bhi thi , aur ush waqt vo bahut pyaari thi ,matlab nature seh bhi aur beauty seh bhi ,abhi bhi hai aishi baat nahi hai ,kyunki logg badlate hai unki fidrat nahi , uski ek khaas dost bhi thi jiske naam ki pechaan hee "**BEAUTY**" hai ,matlab uski sabse pyaar dot aur eklauti dost ,waiseh maine uske crush ke baare mein toh bataya hee nahi , vo bhi padhne mein kaffi accha tha , matlab dono topper thhe class ke ,aur AYUSHI ushe behad pasand karti thi ,per usne ushe kabhi jahir nahi kiiya ,aur vo dono ek aishi umar mein thi jaha normally bacce choclates ke deewane hote hai pyar ke nahi ,aur maine toh pehli baar usse uske crush ke baare mein suna tha , khair en dono ki kahani isse pehle aage badhti ,inki kismat vhi per rauk chuki thi ,matlab jahir tab karte na jab ek dusre ke sath rehte ,mujhe ye bhi baad ki **AYUSHI** ne ushe thappad bhi maara tha ,phir sorry bhi bola ,per ye baateion kyun hui ,matlab ye ladai kyun hui thi ush waqt mujhe nahi pata ,kyunki meri yaadeion bhi kamjoor hai sayad thodi shi , ha per itna janta hun ki ksihi rumor ke wajah seh en dono ki ladai hui thi ,maff karna per mujhe itni hee baateion pata hai en dono ke baare mein , isse zyada na maine kabhi janne ki koshish ki aur na hee maine kabhi usse pucha .

en sab ke baad syaad **2012** mein sayad december ki baat hongi jab usne **BABY BRILLIANT SCHOOL** chhod diya ,matlab uski yaadeion bhi ,vha seh judi har vo khaas cheez bhi jisse usse bada pyaar tha ,aaj bhi jab ham milte toh vo unke baare mein kayi baateion karti hai ,waiseh vo school aab bhi hai ye nahi hai mujhe nahi yaad per uski zindagi ke sabse pyaare aur haseen lamhe vhi seh jude hai , uska pehle crush ,uski dosti ,RIMA mam ki yaadeion aur uske classmates bhi ,waiseh maine uske crush ka naam nahi bataya ,uske crsuh ka naam **ROSHAN** tha ,en sab ke baad sayd vo ek dusre seh mile thhe , jaha tak mujhe yaad hai ,yeh jaha tak aysuhi ne mujhe bataya hai , beauty aab bhi uske sath hai aur vo dono ek hee mohalle mein rehte bhi aur roshan bhi ,jab usne ush school ko chooda toh uske kuch mahine baad he usne **VEENA BALIKA** mein admission liya , aur ush smaay sayad vo 9 saal ki hongi, aur meri umar mujhe sach mein nahi pata ki mein kitne saal tha ,matlab ushi ke umar ka tha ,per ye mujhe yaad nahi , vo kehta hai na jab log anjaan ho ,ye jab unki gaaliyan anjaani ho toh ush waqt hame ush mohal dhalne ke waqt lagta hai ,per **AYUSHI** ke samne ish tarah ke halat na ush waqt thhe aur na aab hai ,kyunki ush samay uski eklauti dost "**BEAUTY** " ne bhi ushi school mein admission karvaya tha jish school mein ham sab padhte thhe ,matlab meri ek alag duniya thi ush waqt aur uski alga duniya thi jab ham dono ek dusre seh muqabil nahi tha matlab bilkul anjaane .

en sab ke baad jab usne hamare school mein admission liya toh kuch hee din ki baat hongi jab uske sath sab bahut scche seh ghool mill gaye thhe ,per mein ush waqt uske sath nahi tha ,matlab mein usse kuch mahino ke baad mila tha ,kyunki ush waqt mein **chicken -pox** seh suffer kar raha tha ,aur ye class 4th ki hee baat thi ,lagbhag kuch mahino ke baad hee maine usse akhir hamari baateion hui ,phir ham ek dusre seh mile ,uski ek aadat mujhe abbhi bhi yaad ushe choclates bahut pasand thhe ,vo har din apne bags mein itne choclates lati thi ki sare bacche matlab mein bhi ek baccha tha ush waqt ,uske peeche hee rehte thhe ,ye bhi baat nahi ,uski fidra bilkul ush aayne ki tarah saff jo cehre ki talim bilkul saaf dikhati thi ,uski aadat mein jo hamne mohabatt dekhi thi vo kabhi kishi mein nahi dekhi ,na hee koi ghamand ,na he koi attitude , ne hee koi ladai ,aur na hee kishi seh koi matt bhed ,simple thi but cute thi , aur ek sach kahu toh ush waqt vo eklauti aishi ladki thi hamare class ki jo **creativity** mein sabse aage thi ,matlab ham toh sirf padhaiye karte thhe per vo dono cheeze karti thi ,padhaiye bhi aur sath mein apni paintings bhi ,hame jab bhi holidays mein ish tarah ke homework milte ham usse phel hee ye bol dete ki yaar please mera bhi bana degi ,sirf mein hee nahi tha line mein aur bhi kayi thhe ,matlab ham sab thhe , kyunki ham vo paintings hee nahi aati ,socha nahi tha ki mein itni jaldi uske kareeb ho jayunga , matlab dosti itni gehri ho jayegi hamari, ush saal ki kuch aishi bhi yaadeion jo karvi bhi hai aur pyaari bhi ,per uske liye aap sab ko thoda intezarr toh karne hee parega .

"

NA KHWAABO
KI
UDAAN
THI
NA SAPNO
KI
PECHAAN
THI
BACHPAN
KI
KUCH KATTHI
MEETHI "

"YAADEION KE
SAHARE
HEE

MUSALSAL
HAMARI
PURRI
DUNIYA
HEE
EK
CHAND
THI ."

"

"

"

HUSN
KI
MALIKA
HAI
VO
TAUHEEN
KI
SHAM
BHI
KAIFIYAT
AGAR
GALTI SEH
PUCH
LO
TOH

KHAMYAAZA
VO
MERI
EKLAUTI
JAAN BHI ."

III

INTENSITY OF SEPRATION

Enter Caption

kuch logg ish duniya mein bahut khass hote hai ,matlab jo kuch hee pal mein hamari duniya bann jate hai ,aur meri zindagi mein mere liye vo meri vhi duniya thi aur abhi bhi , ham bhale hee ek dusre ki liye yeh samaj ki najron mein sirf dost hai per mere liye vo vo usse bhi upar hai per mohabatt nahi hai ,kyunki mein ush barbaadi ko kabhi mahasoosh nahi karna cahta aur na hee ushe kabhi iski wajah seh naraj dekh sakta hun,ham jaishe bhi hai sahi hai ,matlab apni jagah per , hama jaha bhi ek dusre seh durre he sahi per mere hisse mein vo mere liye behad khaas hai , usse milna ,uske sath baithna aur aab bhi jab baateion karta hun toh sab kuch bhl jaata hun maine apni purri zindagi mein kabhi kishi ko ideal nahi maana per vo mere liye ideal toh nahi per usne mujhe ye zarror sikhaya ki kabhi ruko matt ,halat cahe jaishe bhi ho bash hash kar aage badhte jayo , jab bhi tutta unse sath diya , cahe mein kitni baar bhi khud seh durr kyun na chla jayun per usse kabhi durr nahi ja sakta , vo mere hone ki eklauti pechaan hai ,kyunki jab bhi mere halat khrab hote cahe vo parivaar seh jude ho ye pyaar seh vo har waqt mere sath deti hai .

khair aab bhootkal mein chale ,matlab un yaadeion ke peeche jishe maine aadhe raste hee chhod diye hai ,matlab unki manjil abhi tak tay nahi hai ,tay karne vala hun ,jo pehle toh adhuri thi per aab puri hone vali hai , toh chalte hai ushi safar per jab maine usse pehli baar baateion ki,matlab vo din toh mujhe yaad nahi hai ,per ha aisha mahasoosh kar rha tha ki koi apna hai ,ek aishe rishte ko mahasoosh kar raha tha ush din jo kabhi kishi ke sath mahasoosh nahi kiya maine matlab jo saksh kishi kamre mein apni khamoshi ko har waqt taalashta tha , uske aate hee sarri mehfil khushiyon mein badal chuki thi , jab mein usse baateion karta toh uski aadat itni acchi lagti ki apne ghar jakar bhi mein ushi ki bateion karta , bachpan mein koi aur saksh tha hee nahi mere itrne kareeb jo bhi baateion hoti bash ushe batana cahta tha ,per kabhi ushe bolne ki himmat hee nahi hui ,aishi baat nahi hai ki bakki ke classmates nahi thhe,yeh ush waqt mere dost nahi thhe , bahut sarre dost thhe per vo khaas vala hote hai na ,mere liye vo vhi thi , aur aaj bhi hai , jab usne apne purane school ko chhoda toh maine ye bhi bataya hai ki uski pyaari dost bhi uske sath hee thi ,matlab vo dono bachpan seh ek dusre ke kaffi kareeb thhe ,matlab jitni vo mere kareeb bhi nahi thhe , pehle mein bash itna janta tha ki padhaiye hee sab kuch aur kyun na janu ? jab apke ghar mein hitler jaishe log rahe toh ye baat lajmi hai ki padhne ki talim hee har waqt hassil hogi apke hisse mein ,waiseh AYUSHI apni nani ma ke pass rehti thi aur vo jishe sabse zyada pyaar karti hai ,matlab ish purri duniya mein vo uski **MASSI MA** , matlab mein bhi unhe bolta hun ,sirf bolta hee nahi vo mere sach mein massi ma hai , AYUSHI unse behad pyar karti hai ,aur apni ma seh bhi ,matlab massi ma aur uski ma ayushi ke liye uski purrri duniya hai , waishe uska apna ghar **HULASHGHANJ** mein jaha uske bhai behan bhi rehte thhe ,aur uski pyaari shi chhoti behan bhi jishe vo **CHINNI** kehkar bulati hai , aur ek chhoti shi sehjadi bhi uski zindagi mein , jishe vo pyar seh **SUGA** kehti hai , matlab chinni seh bhi chhoti aur massi ma ki jaan aur unki beti bhi , ayushi ki jaan aur uski purri duniya uske parivaar mein hee basti hai , jab mein usse mila tha toh tab ush waqt tak massi ma ki shaddi bhi nahi hui thi ,aur na hee mein unhe mein janta tha ,khair ye baateion toh hoti rahgei matlab abhi toh purri kahani bakki hai , hamara milna bakki hai ,aur hamari nauk jhok bhi bakki hai , jab ham class 4th mein toh ush waqt vo nayi hee ayi thi ,aur ush waqt meri ladkiyo seh bilkul nahi banti thi ,aur rahi baat dosti ki yeh pyaar vyaar ki toh mein janta tak nahi tha ki yeh hota kya hai , khud mein rhet aur apni padhaiye karta tha ,per jish din ayushi ko dekha ush din seh zindagi ke asool hee badal gaye ,mujhe aaj bhi yaad ki comics books lati thi padhne ke liye

,aur mujhe comics kaffi pasand thhe ush waqt ,per vha ke teacher ne mujseh vo bhi cheen liya jo ki mere nahi tha ,aur pata uske baad na toh comic dikhi aur na hee vo teacher ,aur mari galti bash itni shi thi ki classes period mein book ke sath ush comic ko padha tha ,matlab aishi badtaamezi kaun karta hai ,chal ush waqt cheen liya thek hai ,per vapas toh kar dete matlab kishi ki cheez lekar koi aishe bhi gayab hota hai ,jab ush waqt usi comic maine gava di toh mein sach mein bhaut zyada regret kar raha tha ,matlab usne mujhe itne seh pyaar padhne ke liye vo comic di aur maine kya kiya ushe kishi aur ke htahon mein saup di ,mein agle din ushe mangne bhi gaya tha per vo teacher itna khadoos tha ki usne apne bacche ko vo comics de di ,matlab aishe kaun karta hai yaar ? pappi insaan , gadha ? ye mein ush waqt kehta tha kyunki mujseh ushe bahut gussa aaya tha , per vo iske liye mujseh naraz nahi hui ,ye bateion mein ishliye keh raha hun kyunki agar ham aajkal ke bacche ke dekhe toh agar unse galti seh bhi unki koi cheez cheen li jaye toh vo saare ser aasamaan per utha lete hai aur uske baad ek aishi aandhi late hai jishe dekh kar sab apne hosh kho dete hai , per ush bachpan vaali duniya mein vo eklauti aishi ladki thi aur bacchi thi jo mature thi ,en sab ke baad bhi maine usse maffi mangi per usne ush waqt haste hue yehi bola mujseh ki comics ki hee thi buddhu ,kishi ko jaan toh nahi koi baat nahi dusri le aayungi , uske baad toh mein sach mein badal gaya , matlab koi itna bhi pyaara ho sakta hai , en sab ke baad ha dono ke beech baateion hone lagi ham ek dusre ke lunch tak share karne lage ,mein nahi karta tha kabhi ,vo aksar karti thi ,aur khaane ki kya baat ,masallah aaj bhi yaad hai mujhe vo , mein un yaadeion ko kabhi bhul nahi sakta jo maine uske sath bitaye hai , bachpan ki agar kuch acchi yaadeion hai toh mere hisse bash ushi ki hai aur kishi ki nahi , ham itne gehre dost bann gaye thhe ki agar vo ek din school nahi aati toh mein sabse seh yehi puchne lagta ki AYUSHI school kyun nahi aayi hai ,vo theek toh hai na ,kuch hua toh nahi hai na uhse ,aur kab aaygei vo , beichain seh rehta jab vo nahi aati thi ,uske aane ka intezaar karta tha har waqt ,aur aishi baateion nahi hai agar aishi yaadeion hamare bachpan seh judi hai toh hamare beech mohabatt hee ho ye lajmi toh nahi ,per ha mohabatt seh bhi zyada yeh iske aage bhi koi rishte bane hai toh mere liye vo vhi thi ,waiseh mein normally kishi bhi ladki seh itni baateion nahi karta tha jitni mein usse karta tha ,mera koi bhi kaam kyun na ho ,mein bash ushe ek baar hee bolta tha aur ukse baad vo turant ushe kar deti , kehte hai dosti ki seema kabhi oonch ,neeche ye dharm jaati seh behad alag hoti hai ,mein jaisha bhi tha uske sath khush ,meri aadat ,meri majbooriyan ,aur aishe bahut sarre halat hai jo usne mere sath rehkar en sab se nikala hai , ush samya jab school ki chutti hoti thi toh mann hee nahi karta ki ghar bhi jayun ,aisha lagta tha ki kyun jaana ghar ,mein uske sath hee kyun nahi reh sakta ,usse thodi der aur baateion kyun nahi kar sakta , aisha kayi baar hua tha ki mein apni seat chhodkar ,uski seat per jakar baitha jata tha vo baat alaga hai ki uske baad daat bahut parti thi vo bhi AYUSHI seh nahi ,vha ke teachers seh ,jab bhi teachers ham seh kuch puchte toh ham bash apne hath khade dete ,aur hash kar itna kehte ki sir mein bhul gaya ,yeh mam mein bhul gaya jo apne padhaya tha , vha ek mam thi jinhe ham dadi ma kehkar pukarte thhe ,kyunki vo sach mein hamari dadi ma hee thi ,unhone ne hame vo sikh di hai jo koi aur nahi de sakta ,matlab ek aishi ilm jiski parchai hee hame galat raste seh durr rakhti hai , waiseh unka naam **PRABHA** tha jo ki ham sab ko hindi padhati thi ,aur ek bahut badi kavitkaar bhi thi,matlab ek poet , hame koi bhi dikkat hoti school mein ham sabse pehle unhi seh vo baaetion karte ,cahe dukh ki ho ye sukh ki ,hamesha unke sath hee rhte aur unke aane ka intezzar bhi karte ,kyunk unke period mein hame padhiaye seh thodi der ke liye hee sahi per chutkara milta ,matlab jo baahe un paanj periods mein akar jaati thi ,akhir kar unke classes mein hame thoda sukoon miita ,waiseh kabhi kaha nahi maine per aaj bhi bahut yaad karta hun ,vo deewar ,school ki vo gate , mama ki vo daat ,aur hamare bachpan ki yaadeion sab ek sath hai aur kahi na kahi mere pass bhi ,mein agar bhulna bhi cahu toh syaad bhul nahi sakta kuch aisha rishte hai mere unse ,aaj sayad jo bhi hun ,aur jaisha bhi hun ,unke aadrash ,unki ilm hisse mein maujood hai ,aur behad yaad karta hun ,unse mauka toh nahi mila kabhi milne ke vo bhi ek hee sahar mein rehkar ,phir bhi aab yaadeion itni gehri ho chuki hai ki mile beena reh bhi nahi sakta ,khair ye khani abhi adhur hee hai ,jab vo ush school mein aayi thi toh ush waqt hamare exams chal rahe vo bhi class 4th ke vo bhi finals ishliye jab usne admission liya toh ush waqt vo ssedhe class 5th mein aa gayi , mujhe jitna yaad hai , ,per vo kehte hai na ki khushi ki lamhe aagan jald chhod jaate hai aur dukh ke jaane ka naam hee nahi lete , isse peheli hamari yaadeion aur bhi gehri hoti usse pehle hee maine vo school chhod diya ,iske peeche bhi ek raaj jo kishi paane ki khairat mein maine likhi hai ,per sayad aab uski khairat jhuthi lagti hai meri ilkhwat ke samne , waiseh kayi yaadeion judi hai ush ek saal seh ,hamare jhagre ,hamari ladaiyan ,uska muh pulhana , aur hafto tak dekha kar baateion na karna , vo sab aur uski tabusaam jishe mein toh kya koi nahi bhul sakta ,en sab ke baad hamari duniya bilkul alag ho gayi kyunki vo kishi aur school mein thi aur mein kishi aur,matlab jish manjil per ham dono chal rahe thhe uski yaadeion ek aishe hisse seh judi thi jishe aajtak mein bhi nahi jaan paaya ,kyunki jab rishte gehre ho jaate hai na toh jeena ka aehsaas bann jate hai ,ek hee paal khusiyon ki vo mehfil bann jate hai jishe cahh kar bhi ham kabhi bhul nahi sakte , en sab ke baad ham lagbhga 6 saalo baad mile ,matlab ush din ke baad jab ham akhir baar mile vo bhi apne final exams eke baad ,tab uske agle kuch dio ke baad he maine ush school ko chhod diya tha , per ayushi ne nahi ,sach kahu toh kabhi socha hee nahi tha ki kabhi usse alag bhi hona parega ,per halat aur waqt ek aishe mushafir hai jo kishi ke liye nahi raukte , en sab ke baad jab mein usse 6 saalo ke baad mila tab bahut kuch badal chuka tha ,hamare halat ,uski cahat aur mohabatt,hamari baateion aur syad kuch yaadeion bhi ,pehle jaisha kuch raha hee nahi tha ,mujhe aaj bhi yaad mein 24 JUNE ki sham ko usse mila tha , sayad **2019** ki baat hongi ,jab maine pane 10 th boards exams de diye thhe , jab mein usse ush din mila toh itna nervous feel kar rha tha ki mera purra sarre vibrate kar raha tha ,matlab vo sach mein ush behad pyaar pyaari lag rahi thi ,ush bhale hee uske khule baal nahi tha jinhe mein aaj bhi behad yaad karta hun ,per uski vo khushi dikh nahi rahi thi jishe dekh mein bachapn mein apni har vo khamoshi mita det tha jo mujhe pareshaan karti thi ,aishi baat nahi hai ki maine ushe dhundne ki koshish nahi ki , iske pehle kayi baar gaya uske mohalle tak uske doste seh mila per ush waqt bhi uski koi khabar nahi thi ,vo kehte hai na ham apni yaadeion aur apni fidrat toh badal sakte hai kishi aur ke sahare per apni kismat kabhi nahi ,aur sayad hamaro kismat mein ye likha hee nahi tha ki ham un **6 saalo** mein kabhi ek dusre seh muqabil ho ishliye kismat ne bhi hame utni hee mohlat di jitne ham dono ne jjheli thi vo bhi ek dusre seh durr rehkar .

en sab ke baad hamare raste toh alag ho gaye thhe per hamari manjil ek thi ,kyunki maine suna hai ki shadiyon mein divorce hote hote hai , per dosti mein aishi koi khairat shammil nahi hai mere jaan ,ham bhale hee kuch pal ke liye hee durr hue thhe ,per vo pal sach mein barbaadi ke thhe ,ek nayi sururaat karne seh pehle kuch baateion aur hai jo batana cahta hun ,pehli ye ki mujseh kadd mein do feet hee lambi thi ,aur uski rangoli purre school mein famous thi , kya kare janab hamari dosti kishi aam insaan seh nahi balki ek **ARTIST** seh hui thi ush waqt ......

"MERI BACHPAN
KI YAADEION
HAI TU
JO MANNAT
MEIN HAR
ROJ
MANGTA
HUN
AISHI
SIFARSIH
HAI TU
AUR
ISHQ MEIN
BHALE
HEE
HEER
RANJHE
HUE
HONGE
PER MERE
DOSTI
MEIN
EKLAUTI

SAATHI
HAI TU."

IV

MY BESTIE

MY BESTIE

vo kehte hai na kismat aur waqt badalte rehte hai ye na toh kishi ke apne hote hai aur na hee kishi ke paraye ,ye jaiseh bhi hote hai bash unke hote hai jo inke sath chalte hai ,ek insaan ki fidrat bhi ushi tarah seh hai jiske rsihte har kishi ke sath ek jaishe nahi hote ,mere kehna ka matlab agar ishq lajmi hai toh karo beshak karo per agar vo lajmi nahi toh jaane do ,ish duniya mein nafrat ki koi seema nahi hoti ,per mohabatt ki hoti hai ,ek waqt aata hai har kishi ki zindagi jab ush sahare ki aash hoti hai ,matlab ushe koi na koi cchaiye jisse vo baateion kar sake ,apne halat baayan kar sake ,apni majbooriyan jahir kar sake ,uske sath chal sake ,uski baateion kar sake aur vo jab bhi naraj vo ushe manaye , hum dono ke halat tab badal gaye jab ham dono ek duser seh durr ho gaye thhe ,ye baateion sab ko pata hai aab tak ki maine ush school diya tha ,en sab ke baad na toh ham kabhi ek dusre seh mie na hee baateion hui vo bhi kaffi lambe waqt tak ,per aarzo behad thi ki usse dubara milun ,kuch baateion ,uske har ek muskaan jo kho gayi hai ye adhuri hai ushe vapas lane ki koshish karu ,ham sirf dost nahi thhe , dost seh bhi zyada thhe ,per mohabatt lajmi nahi thi hamar hisse mein ,aur na hee meri fidrat thi ki mein kabhi ushe vo baateion keh saku ,jo aajkal ki fidrat bann chuki hai jamane mein , agar koi apki parvaah karta hai toh ye lajmi toh nahi ki vo mohabatt hee ho ,baateion ye bhi toh ho sakti hai ki sirf apki parvaah karta ho ,aap se mohabatt nahi , jab usse durr hua tha aisha lagta tha ki kuch apne andar mahasoosh nahi kar raha hun mein ,matlab jo hisse mein ruhh thi mere haqq mein vo mujseh kahi durr chali gayi ,lagbhag 6 saal lage ,matlab khuda itni dooriyan dete hee kyun ki ham vo umeed bhi kho dete hai jiski ham parvaah karte hai ,jiski ham baateion karte hai mein toh bhul chuka tha ki aab hamari mulaqat hogi bhi ,kyunki maine kayi baar uske baaremin mein jaane ki koshsih ki ,per har baar hisse mein fateh ke badle harr hee mili ,mein ush din ka bhulna he nahi cahta jab ham akhiri baar mile thhe , en sab ke baad ham akhir kar mile 24 june ko , mere halat ush waqt aishe thhe ki mein kuch keh hee nahi sakta tha ,mein bash ushe dekh raha tha ,uski aankheion bilkul thi ,uske cehre ki talim itni khoobsurat thi ki mein cahh kar bhi apni najrse usse hata nahi pa raha tha ,mein soch raha tha ki kya sach ye sach meri hee dost hai ,matlab meri hee AYUSHI hai jishe mein bachpan mein dekhta tha ,jo thodi shi moti thi aur behad khoobsurat ,bhi jo do chootiyan mein aati thi ,kya ye vhi hai , matlab meri najren sach mein usse nahi htt rahi thi mein kho chuka tha bash ,en sab ke baad ham ek dusre seh mil ,baateion toh ush din kaam hee hui ,kyunki ham ek lambe waqt tak ek dusre ko dekh hee rahe thhe ,matlab ham itne jo gaye thhe ,matlab mera kadd uske kadd seh thoda sa lamba ho chuka tha ,aab mein chhota sah ladka nahi tha ,ha per ush waqt bhi mature nahi tha , per mulaqat ek hee din hui uske baad vo phir seh apne ghar chali gayi ,per ush waqt ham dono ne apne phone numbers exchange kar liye thhe jisse baateion hoti thi ,ush waqt seh sayad meri khamoshi durr ho chuki thi mein sambhal chuka th aur sayad vo bhi per hisse mein kuch aishe bhi raaj hai jo abhi bakki hai ,jo ki uske halat seh jude ,ush dard sehjude hue jo sirf mein janta hun ,baayna karna ki cahat bhi ha per ish hisse seh durr hai ,mujhe yaad jab usne apne 10th boards diye thhe tab vo phir seh **PATNA** aayi thia ,jaha uski mulaqat panda seh hui matlab uski sabse pyaari dost jiska naam **SAMPADA** hai ,matlab jo hisse mein kabhi nahi bann paaye uske liye ,ukse hisse **SAMPADA** vo bann chuki hai ,vo uske sath accha mahasoosh karti hai ,un dono ki yaadeio ki keemat aab itni gehri ho chuki hai ki rab seh yehi dua hai ki vo kabhi ek dusre seh alag na ho ,waiseh vo pehli baar ek dusre seh coachings center mein mile jaha vo dono ek sath padhte hai ,rahi baat mohabatt ki jo hisse mein uske kaid hai ,vo koi aur nahi **SONU** hai ,jisse vo behad pyar karti hai,aur sabse zarori baat vo ek dusre ke liye kaffi zarrori hai ,long distance relationship bhi keh sakte hai ham ishe kyunki vo social networking sites per hee baateion zyada karte hai ,waiseh **SONU** uske relation mein hee lagte hai „aur kuch baateion hai jo **SONU** ke baare mein kehna cahta hun ,maine kabhi kishi ki tareef nahi ki, per mein pehle baar ye kehna cahta hun ki insaan accha hai meri bestie ke liye ,matlab massi ma ke pati ke bhanje hai vo ,waiseh uch baateion hai jo mein uske hisse mein likhna nahi cahta kyunki mein nahi cahta ki aab vo ush khamoshi ko jhele jo vo pehle jhel chuki hai , waiseh uska birth date toh maine bataya hee nahI **6 feb** ko meri bestie ne ish duniya mein entry marri thi ,aur mein ushe pehle bhi jhansi ki rani bulat tha aur aab bhi vo mere liye jhanshi ki rani hee hai ,jaane seh kuch baateion hai jo sirf uske liye hai ,mein ye kehna cahta hun ,ki uske jaisha **ARTIST** maine purri duniya mein nahi dekha hai ,uski soch hee ek likhawat hai ush khuda ki jishe koi nahi mita sakta ,aur tujseh do baateion kehna cahta hun apni likhawat mein ki tu bahut majboot hai aur dusri ye ki apne sapno ko kabhi matt khona aur na hee kishi ke liye unhe kurbaan karna ,jhanshi ki rani hai tu meri bash hath mein talvaar lekar apne sapno tu purri kaum seh ladna .

"KI WAQT
KI GEHRAIYON
MEIN
RAKHT
KI AAGAZ
HAI
BICHARNE
KI
BAATEION
KUCH YAAD
NAHI
KYUNKI

TU
AAB
BHI
MERE
PASS
HAI ."

"

ISHQ
KO NAKAM
KARDE
AISHI
USKI
KAUM HAI
KHWAABO
MEIN UDAAN
BHAR
DE
AISHI
USKI
SOCH
HAI
KHAMOSHI
BHI DARR
KAR BHAGE
USKI EK
DAHAR
SEH
DOSTI KE
NAAM
PER
VO INSANIYAT

KI
CHAAP
HAI."

9 798887 337449

Printed by Libri Plureos GmbH in Hamburg,
Germany